MW00682101

這本獻給 My

Dear

friend 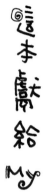 鴨嘴玲

KA

. . . .

96

.
8
.
7.
.

LIAN. LEE.

今天接到你的電話. 很高兴.
你出國後已过一ㄍ礼拜.
ㄗ麼你--ㄙ我們了.?

because 覺得ㄑ圖太醜了...

⑨ 本想把這頁撕下但又覺得
捨不得破壞.這本美美的本子.

LOVE'S tree

這棵是什麼樹才啊?
本想畫友--棵才卻畫成情人樹!!

▶ 以今你早玩得不亦樂乎了!! 五考倫一无.

星く～一   95. 8. 12.   天く、不怎麼好.
　　　　　　　　　　　時好時壞.

◎ 我偷偷瞞著大家再度參加競賽
　 忽然覺得自己罪孽深重. 因為
　 有種感覺再利用別人. 向舒惠
　 借麥克筆. ※平常就舒惠遠些……

◎ 唉! 〜這次的比賽只想省錢而已
　 不想再浪費了. 如再沒中. 你可千
　 萬別笑我. 〜 ※所以所有道具都是用借の……
　　　　　　↑我又是玩玩而已. 想轉移目標……汪~ㄏ.

LOVE→EARTH
我也不知道再畫什麼?
只知亂塗X就好.
LOVE LOE LOVE

▶ 有時候覺得自己真是固執⋯⋯⋯ 像石頭 這像嗎？

星々二．　　8月13日．

◎ 其實心中早作好 準備当信一寄出．
　就死了這條心．因為畢竟是不可能
　這樣也好．不見面還没有這種
　強烈の感覺． ※化主動為被動吧！

※捨ての信．

◎ 在公司早と都不想辦字．心早就飛去
　国外遊玩了．

※每天早と都想睡ㄓㄓㄓ了．

神遊美国の大城市．
New York.

這ケ女人……本是画衫．但好衫画得很醜．
不想承認是衫………

3

▶ 8月份. 真是痛苦又難忘的月份!!

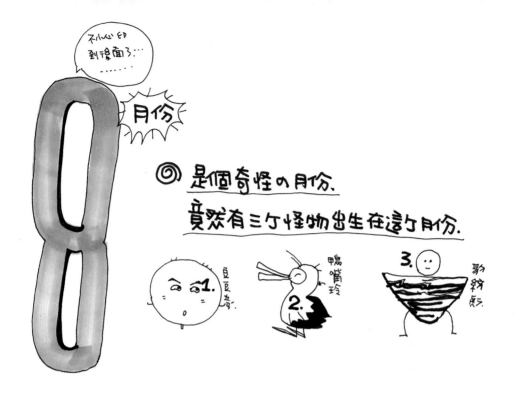

不小心印到後面了… ………

8月份

◎ 是個奇怪の月份.
竟然有三ケ怪物出生在這ケ月份.

1. 2. 鴨嘴玲 3. 豹殺影.

85. 8.月14日 天上有夠爛的不好.

◎ 今天的天氣真是爛的忽熱忽雨
但中午的氣氛. 在辦公室裏外面
陰陰的打開燈光. 感覺很棒.
在這種天氣裏. 寫日記. 聽著苦苓的有聲書.
不要相信愛情. "寧願曾經擁有. 不願天長地久.
漸漸地. 我覺得 既使抓毛未來不管如何.
.

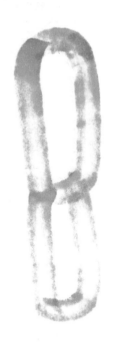

► 一直在這參到我都很煩了. ◎

♡ 至少我已把自己的心意讓他明白了.
愛就是要他知道.
也不覺得怎麼樣了. 總之未來……
在說吧!

◎ 那天泰強來找我……於是心情不好
的我. 一下子找到舒哭的地方.
全部告訴了他.

◎ 他給我的意見則是:

生活圈 太小. 另尋目標吧!
一直在這裏圈、有什麼机会去 like 其他人.??
沒錯! 真的是如此. 越想越是
這樣覺得自己真沒用.

你真是好命. 一走了之. 在台灣的煩腦可以全
部丟在腦後 ……… 不像我. 還得拼命煩未來……

大半都跑光好了、都走好了，留我一个⋯⋯ 𝘹 ⋯

96.8月15日 星之四 燥 尚可.

◎ 秀玲 与毛毛 決定一起去日本了.
   最後也只剩下我一人. ⋯昨日

◎ 湘萍打电話來. 告知她在加拿大
   的一切. 刹那間覺得出国是
   一切路途都很遙不可及. 因今
   除了語言是非常容易知道進步
   很快外.
                    ※ 湘萍say. 想只待一年⋯⋯
◎ 學历却是不一定会修得到. 喔⋯⋯

   唉! 求學是一道很長遠的 ⅍

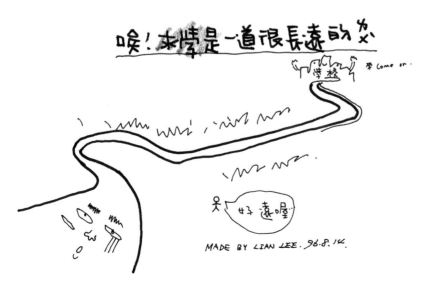

好 遠喔⋯

MADE BY LIAN LEE. 96.8.14.

6

● 最近常心不在焉. 因為常叫錯別人了 NAME.
叫成 KA 了 中文 NAME ..... 都要打到了.

96. 8月16日　　天氣 尚可

I am so cool.

好奇怪の太陽.

早上10點接到你的電話
知道一下子他們又同班了.
唉～只有一句話想説.
"他們倆好呆永遠脱ㄌ不了
關係.

很可惜自己沒去考夜校. 不过
也不後悔. 因為相信明年
一定可以到台中讀的.

也許自己是太在乎了. 在乎他們
這倆ㄍ朋友. 真想脱ㄌ他們圈子.

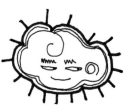

MADE BY LIAN LEE. 96.8.15.
Hi Hi Hi.

⊃

● 真想一頭往地洞鑽.

96. 8月17日. 天½、晴時多雲偶震雨

◎ 現在你的English 聽力一定夠
強的吧! 每天生活在阿度仔(台語)
的環境裏. 真幸福. ※真想好你一道去…

◎ 今天為國中放學聚會. 感覺自己
不完是大姐頭. 可能是所處
的環境不同. 所以沒有那種
feeling. ※那些人年級都比我大……好幾個月.
            你也知道…

※令人感動.
✡. 守宇咋日來电邀請我生日那天另一道
同去他小窩. 他要親自下廚才. 煮小菜給
我們吃. 但我拒決了他. 以回南部
為理由.

8

● 有時候事情太複雜 其實是自己想太多了

◎ 真的很抱歉這樣拒
決了召宇.

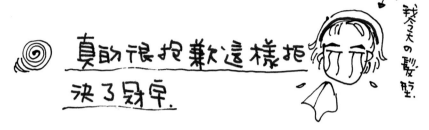
我久久の髮型

◎ 其實我真不想拒決他. 因為我
※很久沒見到他了.
很想見到他. 但卻因見到塔毛
会很尷尬. 所以………

◎ 還是一段時間不見面較好.
※ 舒惠算塔羅牌是這天告訴我的
是張時間牌, 而它也勸我短時間
別見…… 讓時間沖淡一切会較好……

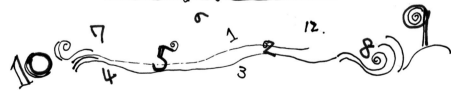
7 6
10 5 1 12.
4 3 2 8 9

960810.   MADE BY LIAN LEE…

9

◎ 想好好交些 男の 朋友!! 努力考上台中商專·雲技...... ♂

◎ <u>我真正的想法是：</u>

最好等我一切都改變得不一天
跟以前的我不一天 時再出現
他們面前好了。 ※讓他們刮目相看

◎ <u>不覺得我很無聊嗎？</u>
　　　　　　※就無聊到面對新的事火吧！

▶ 唉！何時才會不再情人節一落單呢？
  舒惠很美，我們倆竟会這麼聊得來的. 什麼話無所不談……

連老天也要玩我們作計……

8月20日.　　天气好得不得了.

◎ 今天是中國七夕情人节.
為何台灣每年都过2次情人节
呢?

◎ 三民好今天大伙又蠢蠢欲動
討論著節日問題.於是決定
不回家.与舒惠閒逛了整个東
区.花了2千多元買衣裳讓自己
高興.对自己好一点の情人节.

◎ 以後我的情人节一定義便是.
"好好地对待自己"

2件上衣.一件裙子……
黄
黑線

▶ 參加便就知道了‥‥‥

8月 21日.

⑥ 對於今到底参不参加比賽一直是困擾我很久的問題. 岁一 銅每每次出現人頭. 叫阿美幫我抽也是叫舒惠算塔羅牌出現的結果都是去".

※ 太可怕了……很神準吔!

☆. 可能是要我別再後悔當初所做的決定. 別讓自己怨恨自己……

於是今天我請假 1.5 天去報到.
明天比賽. 後天便知道結果.

※ Mr 張一直抱怨請得太多次……
唉! ……也對……這几个月一直請……
太混了……

MADE BY LIAN LEE. 960821.

12

▶ 此刻的你在做啥呢……!

◎ 這个比賽我一直没告訴別人.
因為怕又没中‥‥‥‥‥‥‥‥

有時候会想と大伙相聚的情景……真是傷感…

21.

8月22日.

天<: Hot Hot Hot Hot Hot Hot

MADE BY LIAN LEE. ......

◎ 本想偷偷的一個人去報到. 怎知
在偷偷之餘. 還是被黑輪來發現.
真是丟人.....
※他發到大門口.....嚇我....躲也躲不掉......
不過也露出去了. 也買通他別告訴
他老哥.....除非有中. 否則.....一輩子
都不能讓他老爸知道
※因為太表假.....了.

◎ 請半天假之後回至公司. 大伙
都很驚訝. 因為他們一票人都以
為我不來了. ◎阿善還寄信給你..... 無聊到想寫信給你.....

14

▶ 今天帶著Boky到公園附近大便.····真是香腸·····
                            還幫牠撿大便.

唉~真到了半夜才整理·錄情 ◎

還這次抱著 very very top 平常心 ☆

※ ……無計以對.

去比賽·如果再沒有比賽·運我也諒了·如★·回

很久沒練了…手有夫水.

只好元別的地方发展了·叫……

※ 出国? 考四技…… 唉! 隨便算了·……

Good Luck.
Good Luck.
Good
good Luck.

我怎麼這麼苦命呀!

Good Luck to myself.

Hi Hi Hi . KE KE.

MADE BY LIAN LEE 960821.

▶ 罵輪才 真的聲音還是罵輪……常常認錯……比賽當天也認錯.
川七 是罵輪……

8月22日。　天天熱死了。

◎ 有的時候便就得相信命運的安排不得不去信它……上天可能還有所安排吧!

◎.

※有屁用!

和上次一樣得第5名……台灣省才有用!

唉…就是這麼背……累輪第也沒中.

我只差一步… 親眼看到自己的被刷下…唉历史重演…

※刷得只剩5張偏偏自己的就是第5張……

↓

◎ 真是不得不佩服自己的實力.

如果今天參加的是台灣省.就有資格去全国賽了.

※唉…我累了……也煩了.

可能自己不適合這个比賽吧!

反正也只是玩玩小插曲罷了.

沒有運氣………

▶ 唉，参加 才三次還是一无……去撞么算了. 找罪自己受……

◎ 高尖得太早, 就被刷下…
不过雖然也吃七我相信命運
還是有安排的！

MADE BY LIAN LEE 960822.

防災給小朋友の海報……

那个是評審say什麼…很丟人吃火的海報……

真是く死我了.

▶ 目前想隱居……˙˙˙˙˙˙˙˙

◎ 最近心情一直很低落.....又回到
当初來三民時的心情.一点刺ㄓ
也没有.

找些事來做.....
學English

也不知道自己追求的是什麼。

何時才会有一点点生活刺ㄅ呢？

唉!

你在那好吧？

唉

你好好哩!

18.

▶ 偶而久隊關係廣走些也不錯⋯⋯

8月24日　星期6.　天ㄚ 好棒！

◎ 從机車壞掉每天須爸戴我回
家的那一刻起. 我便和爸結
下了不解之緣. 原本開始對
她印象不好至今. 真是一大轉變.

◎ 才了解其實她是个很家居的人類. ※ 金牛座の人嘛！
和我們个性真是相符相成. 我
想如果你在另她相處 机会久了.
你應該也会欣賞. nice people.

　　　　　　◎ 自己也覺得很訝~
　　　　　　会另她這麼好 ……
　　　　　※ 另秀珍相處久の好
　　　　　又有所不同.

19

▶ 原來我有這麼多好朋友. 真是幸運!

◎ 秀玲与淑敏今天接到你的
  卡片.都好表Happy. 只是為何
  you忘了給淑敏地址.還叫人
  回信.真是ㄉ迷糊蛋.看你何時
  才会改才卓. ※接他の电話.很丝訴.原来是
                問你の dress.

◎ 在你出国後.幫你寄了一些照片.
  給罢輪.咋接至他的回信.才笑
  贯.其實身边還有更多人在関心
  我.有 點感動. ※原本以之他才不会在乎
  我們.這些friend 尖!!

▶ 實現願望的時候到了！

◎ 有時想太多也是種痛苦の享受.

※ 唉:心痛.

該.

應是計劃

未來 の 時候

了.

AM: 1:30.

21.

▶ 有時候朋友多. 知己只有 ~~幾~~ ~~意~~ 几个就好.

8月25日   Sunday.

◎ 一天有百分之八十都在<u>發呆</u>…… 比例太高了.
而發呆的時候都想些什麼?
也不得而知…… ※ 水田 ↓ 毛毛去唱 KTV 也不找我
還打電話來羞…… 真是 气 死我了. ! !

◎ 下午睡一覺之後接到小宇の電話.
得知. 夕外情人節一那天 小宇已
                    ※你還記得吧!
決定跟之前去唱 KTV の小胖 Mr.
在一起. 因為他對小宇很好.

              ◎ 知道此消息之後……
              我也不覺得是訝.
              反替小宇感到高興…
              ※ 只希望他快樂就好.

22.

► 得知捲毛還另小肟肟一起⋯⋯真不知是悲是喜？ 說是如何呢？？？

◎ 目前的我什麼人也不想聯絡.

只想好好与小宇保持聯絡

就好…… 不想与他失去音訊. 姐妹情深嘛……

◎ 喂！為什麼其他人都收到你の

明信片. 而我至今卻半点音訊

都沒呢！ 不公平..……

難道我的是大包的嗎？……如果是的話. 請別讓

我期待落空……

◎ 總之我会等的.………

誰叫你是我好友嘛……

Good friend

23.

▶ 我把多餘的照片都整理掉了，包括很不愉快的回憶的往事
全部拋至腦後⋯⋯全新開始。

◎ 有種感覺Mr. 一多会等你回來

不知道準不準
讓時間證實吧!……

※ 至於楊先生……我早已放♡了.
　　管他是否另誰一起.
♡

24.

▶ 減肥這條路真是難⋯⋯艱辛萬苦⋯⋯

8月26日 星期一.　　午後雷震雨.

好痛苦……

◎ 昨日失眠以至於上班遲到20几分
凌晨三点就睡不著,直到5点才
入睡………

瘋了.

◎ 上班時秀衾瘋了一整天,都一直笑…… ※有点天小丸子……国小學生.
水田也是……衾一直想問舒惠是否喜欢
过一个各……因為舒惠想寫信向另一个人
告白……拿不定主意……所以心情不穩定.
之後便……衾与我直猜測好奇是底.?

◎ 就這樣玩鬧了一整天…… 還決定过完
中元普渡後実行断食減肥法.
唉!真不知道是否会成功. ※加油!

◎ 10月份預計去拍藝術照.
※再寄給你看……

► 減肥忻食好痛苦……痛苦.

◎ 天ㄥ好好ㄦ喔！

8月27日星く～二．天ㄥ好棒．

◎ 近日正實行減肥計劃…好好
減大腿及臀部大屁股……
知道自己的屁股很大…
唉……努力．減肥的路成功
ㄓˋ它好天·很遠…

◎ 也只有每天做運動才能美美的．
去見他們那羣呆人……等你回
來才去見他們．三年後一起美美的
出現．

◎ 我ㄞ舒惠一致認ㄑ～一多Mr.
会等你回來喔！
PS. 我終於知道舒惠 like 是戻了．
不是一ㄒ是一ㄍ大他ㄋ歲の人已
和她證實…了．

◎ 知道嗎？舒惠一直大笑著為何我們
会懷～一她？

96.8.27．…

▶ 真是可笑……

我也覺得好笑……※在聽完她的說明後……某日舒惠
看到明岂の日記後…才知…不是我
們所想的。

2人 於是在我托妥一路途中一直大

笑著………笑……的真的很瘋……
※也玩的很兄, 知道嗎? 開始是壺明岂
說的. 但真笑情是明岂失看1一多的……不是舒惠.

如果你在塲の話也会覺得……可笑…
※所以人言真是可畏呀:

吟…………
※不管誰是无…早已隨你飛走一切了.

▶ 有目標才會有努力·····結果

8月28日. 星ㄑ一ろ. 天ㄑ、下午下好大の雨.

◎ 下班後与爸去我家牛排館ㄆ. (聊天……)

発覺每一個人不論如何都對過去有一段不可抹滅的記憶.

◎聊著……聊到爸以前的女友曲,聽ㄇㄇ說:長得很帥.但爸說:以前都已過去了.雖然感念,但還是希望多認了几个男人全東樺……

吃…喝…玩…
玩→男人……
啊….
MADE BY LIAN LEE..

◎ 我与舒惠、玉芳決定去補哈佛先修班.

9月2日開始.忽然覺得有一股莫名ㄐㄐ的力量推著我前進. ※豆豆又長了.很煩人吔!

◎終於生活有了一個目標……

▶ 年青真好…!!

⑥ 舒惠想寫信告白. 卻又怕步我的後塵……我 say: 我們情況又不同. 還是叫她好好把握年青告白机会.

至少我不後悔……說了.

▶ 難过自己很傻…

8. 30. <u>HAPPY BIRTHDAY - to us.</u>

今天冕宇打电話來約我
31号至永和五他們大
伙聚夕….我因無法通試
著調解自己心情而堅
決拒決了可憐の冕宇……
一直百般說服之、還搬
出小前軽之來……結果談
了一个小時半也没有任何
結果….唉…

▶ 事情原本很單純.！

真是難為他這个中間人了……
対我而言時間是最好的
~~作偽~~…方式……

◎ 只有這樣我才会輕鬆些一点
……
也不会胡思乱想的……
対嗎？？！！ 是這天嗎？
不得而知……

▶ 自己早已不是自己了.

◎ 今天唉..... 一臺打电話來......当然我
以不同的方式 拒決了他們.
如果今天你在的話,也許我害怕
(就不会這天了...)
只有自己一个去面对這个問題.
所以.....希望此時能互你一心面
对..... 我就会去...

◎ 我知道是自己無法敞開心胸 ....化解
這場單純的危机......一塲自己自尊
自演的局面. .... 嗯! 也該成熟一臭....
生日礼以....我没有表示任何心
意給一臺......有臭漠悔自己做得絶...

◎ 因為根本不用這庅複雑......

▶ 唉‧‧‧

⑥ 我知道电話的那一頭. 一定很生之、
我 竟然如此認 …… 聽他那不耐才煩
的語二, 就知道…

但那一天的之、(Today) 說話的方式早就
不是自己了. 不自覺得以一種冷冷
的話語回答 … 以快速三分鐘的
方式結束談話 ※. 在公司裏說話不方便.

※ 很高興自己心情不愉快時…竟有人陪我…
⑥ 於是喚立五水毋. 舍惠一塊陪我
去麻醉自己…. 遊了 SOGO 一整天 吃吃喝喝…
以一臺笨呆無法思考的心 一顆
偏心難过的心 …… 睡不著的夜晚

▶ 哭吧一切想会好轉吧!

◎ 才知道今天的夜晚特別長⋯⋯
　特別得長⋯

　也許八百年以後⋯回想這一切只覺得
　太幼稚了吧！不過無法克制目前
　的我竟如此得呆⋯⋯你應該知道能
　体会我現在的心態

◎ 真想放声大哭一場⋯⋯哭一場自己也
　爽快一点⋯⋯

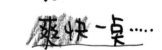

好醜喔⋯⋯
已哭成無法克制自己
鼻目涕從鼻了出來⋯⋯

MADE BY LIAN LEE.

▶ 喂……～

9月1日. sunday.

◎ 最後我決定送我最喜欢的
　※ 以前住三民…你看过也喜欢的書.
　2本設計書給一皂. 希望对
　他在台中有所幫助……. 想.
　以掛号方式 过期の礼物
　郵寄出…

◎ 女人真是笨…的可以.
　剎那間覺得自己是如此.

好羡
白痴…

MADE BY CIAN CEE.

▶ 真的Happy 接到你的电话～!!

◎ 接到你の電話的那一端……
發現原本沈悶的心情
忽然開朗了起來. 發覺
事情只是我一个人在亂想
而已……

◎ ※ 約在摩斯那, 拿給他.
最後想了又想決定五心喜
約親自拿給他. 五他詳
談一回會…… 發現我真的是
愈討厭他了, …不知為何一股
※他覺得太不了解女人了.
心思…想打他. 他的一句話真是
偏透我的心 = 人家搭毛跟小出、
好的很. 你不要去破壞人家.
※ 好象一訓我會去打壞人一樣.
真是一句去他說的話, 我也麻木了, 你說是吧!

▶ 真的恨死他人！！！ 大 ... 是 × × ×

⑨
知道了我有再考的念頭後…

還附加一句 "你來台中幹嘛…

…聽了真是心中滑進谷裏

我可以很嚴重的発誓:

既使我考上台中某一所學校

我也不會通知他的. ※這是真的…会去做…

※我也有送捲毛一本…当做是慶祝他到台中.

⑩
送了他二本我最♡的書之後

真的就想…/打他. ※但未免太不了解女生的心了

不過想想他也只是基於關心

捲毛…責怪我不該把事情

弄複雜…這叫捲毛如何面対

我…

唉…難道把自己的心意讓他人明白

也是一種錯嗎?

真是快忘成我了.

当時真想痛扁他一頓…結果以
一種很輕鬆方式…結束…自己也真
奇怪…

▶ 簡值是把我当考三者孤狸精……還說我不是考三者。
是为4者…… Because 有許多人 like……
根本輪不到我…

@

結果真的就如冠宇所說的
如果不去面對事情的話.
只會更複雜.

@ 所以我決定打電話以平常心
天以前那天又撥去談談……
正視問題不再逃避 ※結果他不在台北,
下台中了……

@. 要他明白……我並沒有想要
如何?……還是可以交朋友一天
痛快的聊……不是嗎？

very top.
厭
多
症

@ 可惡的許義彰……剎那間
真的對他百分之百厭惡…
※這只是當時情況而已,基本上他還小.看在他小
不想与他計較在乎這些.

▶ 總之真的 very top hate person. → he.

◎ 女孩像他一樣從此就跟我死心了.
對其他人言語上不會政ㄐ
以前の我可能会傷心很久
但現在我卻覺得這真是冇他所
說的一句不了解對方的話....
我想....
這才是他吧!
早就不覺得会在乎了, 又是当時很想
打他....

◎ 喜欢上這ヶ人.....KA你可能真的得等
他更全成長...懂得了解女人心態後
才会幸福... 不过我想二年後又会有所不同了,
Uf you still like him!

▶ 快ミろ. ···· 人格分裂.

誰是誰？

另外髮夾圈の光よ…

◎ 總之………我自己真的不�£自己了.
真的剎那間這乏的對自己当時的
作法反感…

※ 另一⻚錢念到爱、接著約ET繼續……

◎ ET心煩…以哭泣那一頭申話声
找我…於是我另他2人在大安
森林公岁裏滿開心胸的談…
閒聊… 忽然之間覺得世界其實
還有許多事等著自己去欣賞… 不是嗎?

◎ 世界好大… 根本不用去在乎他…or誰是誰?

▶ 他のこ …… まぎれ想管 る. ……

◎ 我真不想讓其他人知道今年正

在幹嘛？ 刹那間極久想想居.

⑥ 如果你在ㄅㄧㄥ通話時……or 通信.
　　　　往後有机会….. 我相信時間早会沖ㄕ淡…這自疫⑩事….

請不要再談論我⑩事…
　　　　　　有関堵毛……那ㄐ牛事…

這是我一点自私的想法. 希望KA
　　　very hate he.

你別介ㄧ
真想打死他…

加油…… 加油

難著我前進…
賛出神奇力量.
最近一股不知ㄠ.

MADE BY LIAN LEE 960901.

▶ 「世界上還有許多美妙的事」這是讓自己有積極
前進的想法、

96. 9. 2. 星ㄑ一.

◎ 這本日記如果認真的可以
當做是本自傳了.
看見會不會覺得我是个複雜
思想的人… 其實……想立刻
就改變現在の自己. 好多女人都是如此.

星期天老哥要我去學方律操
減肥. 二來也可以分心別再
多想重新開始.

► 世界沒有再比這更糟的事了.表未來
充滿希望....

◎ 如果將來這本日記寫完後
　 寄到你那也算是个告別当
　 ~~心一筆~~ 女人的開始.

　　 当做從來沒這回事一樣.

◎ 心境也会較不一樣.
　 我会快快存 MONEY 到你那
　 遊玩去…… 等我考完後会去找你……

▶ 只要有件事每天持續做下去、対任何事就会產生持續の力量、我一直相信……

◎ 当失意時…忽然來的驚訝. 会造成
意想不到的效果. 將那一陣陣
灰灰的色彩. 染之彩色般的迷人

◎ 回家時ヮ舒惠分手後……
竟巧遇何朝霖….真是驚為天人
巧的是他家正住我家後面 隔2條巷子.
哈….哈…. Z人於是快樂地聊
到11点半.累吃完消夜才怱去….

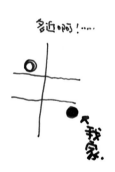

多近啊!…..
我家.

◎ 原本早已对惠漫.這些事已失去熱情
又重新撿回对它的熱情.
我想這才是人生吧!

⑩ 組內發生重大の事. 已久沒鬧事. 只
因換位子的事而…… 另Mr 張不爽.
唉! ～～ 畢竟人不是十全十美的. ………
但 Mr 張也卻太×﹗的囧……
我對事不對人 只覺得他的態度
真是令人火大.

⑪ 又犯了 君主政治 的毛病.
当然全組絶大叔因而 不滿他持有
的態度…

又得開始鬧革命了…… 96904.

9月17日 ☀

◎ 近日燃ㄙㄨ我対 English の熱ㄒ
　已連續一週中午不睡.念 English
　希望能續ㄐㄧ下去..

　還偷ㄒ上課内容、公司ㄨ班偷ㄒ.
　嘿!……為了ㄈㄨ仇……不得不這无……

每天實行減肥計劃! 已減去 1.5公斤....

瘦!

加油!....

加油.....

MADE BY CIAN CEE.

10月3日. 星と4. ☀

目前

哇! 好久沒寫日記.
因弈只有心情不好了
才會發洩一番. 但是漸
漸地上軌道. 心情日加
變得更充實也快活起來
近日很忙. 為了使自己
別浪費時間. 加油!!

LOVE!

OK!

⑥ 令人討厭的生日.
就是 …… 無聊時. 也得
學別人 HAPPY…

這不是荒
……
吧!

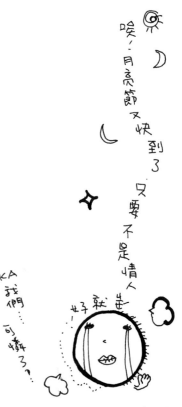

唉! 月亮節又快到了

只要 不是 情人

好就是

KA 我們

可怪了？

MADE BY LEE.
961004.

10月4日.

◎ 我要更積⹀.の去努力
完成計劃!

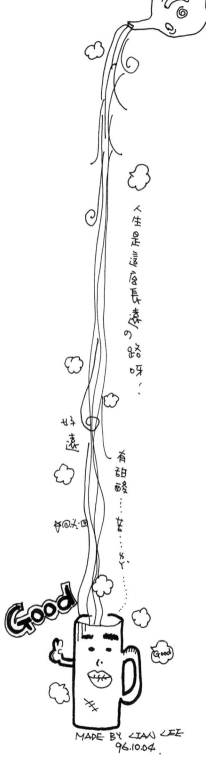

人生是這麼長遠の路呀.

好遠

有甜酸…甘…苦…

Good

Good

MADE BY LIAN LEE
96.10.04.

10月14日：　星く、2.

◎ 建宏名去当兵3.
◎ 台灣發生重大の事 性力乱神
　宋クカの事. 新聞報導好大
　　　　　　　　└ 自称自己是神至尊....

　　　　　　◎ 騙3大半十億元.
　　　　　　而且大半還是信他有神力
　　　　　　可以幇大半完成願望!......
　　　　　　一屋百疾。....

◎ 最近迷上3唱KTV.尤其是
　王菲の歌 我最♡！

　　　　　　(55-3=52.kg).
◎ 目前体重52 kg. HAPPY!!
　五ʕ·ᴥ·ʔ玉芳.帯 減肥与來公司吃.
◎ 連舒惠也加入我們の行列3.!!

10月21日 星期一.

◎ 目前我の体重已到 51.5 kg.
好高兴 一ケ月瘦3 3.5 kg.
每天吃蔬果…. 所以… 願望
快实現.

× 鹵.
※ 買了一件 LEVIS 501 の褲子很合身.
看起來很瘦…… 但好貴…. 2800~
打9折後… 原价 3100~

◎ 至於從你出国後没人陪我吃
夕餐. 大半都吃外面. 所以為了
省 MONEY. 自己準備.

夕餐. ㄩㄢˋ. 小菜. ㄘㄞˋ
一起準備… 大半一起吃….

好
HAPPY….

◎ 10月27日.　星期天

◎ 昱輪為了聽一場
宗教佈道大會而
請假3天來台北.……

◎ 最笨的是他邀我去
我竟然……去聽 結果也
沒有任何心思的寄託
Foeling .……… 他帶錯人了.……

昨天志煥
回來…我~他
好多. KTV……
哈…哈…哈…
KTV 咆!……

10月28日. 星ㄑ一

◎ ㄓ个礼拜天. 我接到一通令人感到ㄐㄧㄥ訝的 phone call. —— 捲毛打來的.

◎ 於是俩人也是当做若無其ㄕˋ的談彼此的近况

有点ㄍㄢ(小)ㄍㄚˋ……也蠻自然的

◎ 他也留了台~~北~~中的电話……給我……但我想可能不會打去…… 永遠吧???

因為……等等…其實早已對他没有
任何 Feeling. 只是等等当時的
那封信…造成的…

也只好如此了.. 發覺我是個很容易
动情也容易冷卻的人……亦强也是
這麼認笨…你說呢?

对於一段不可能的結果也只好
快速冷卻了…訓諫自己別這麼
easy fall in love.

96.11月7日星く.4.

◎ 因や要去.開三足.另美如
以前の誤会就因此而化
解.反而更好了.

〈更加地〉

◎ 而因や種種原因看清
楚阿糸.這个人了.
原本以平她是个值得交
的朋友.

◎ 反之為了本身利益而
要去固自己立場 不惜中傷
之前另地關係好的人……

⑥ 真不知是好是壞？

而秀玲另她的關係就如同
以前の愛い一樣

唉！～ 又好順心自然了.

我也不想因念愛而去干涉
他人交友的情形了

聽天由命了！

⑥ 目前身体關係大半都怪怪的！
唉！恨不得快走開！！
免得又一直玩無聊小孩子
遊工、

11月16日.

◎ 透过ET的関係認识る第三者
会算命.看照片就知道一切.
レン我托ET拿我の照片去レ

◎ 她說:我將来会有3个孩子
以后愛老公会很 love 钛, 靠他就
成了

3个?太多了吧!

⑥ 前句…有点不相信…我真的很
会生嗎? 老公… 当然希望他の♡
比我♡他還多……

◎ 对山阿条的事. 我真不敢相信
自己曾为他好过……唉！她真的很王八.
利益分的真清楚！……只有一字形容…"賤"

◎ 不知為何有點心寒. 对山水母. 認識5年
对她而言真有夠白費了、她還不了解我
嗎？竟然受阿条三言兩語就完全讚同
她の説法.………

◎ 唉！…只能説她为你同是5年交情真是
差真多…

◎ 差得我真懷念你在國內的時候……
至少你會明白告訴我 是非对錯.
以客觀立場. 這樣地支持我……唉！
人在急需要朋友的支持時便就最
清楚誰的真面目、对我是最真的.

◎ 水母太过於保護自己了. 怕煤來留下
  來方阿系. 对立日子不好过.

◎ 唉! 看到這樣的説. 安. 可能你也不
  明白 整件事的經过. 就看看吧!

◎ 總之…… 可惜了水母…這朋友.
  不論如何 我也記得才 之他曾経
  陪到渡过 最低潮味…… く 捲毛事件 >.
  那一刻至少是最真実的.

  事情就告一段落. 我也不想理了. ! ! !
  朋友誰对我如何! 清楚的
  更令到不想要了. ! !

96.11.29. 星亡. 5.

◎ 這一週真是發生了很多事.
E.T 終い忍受不住三民 Mr. 劉
每天責怪. 而公司辭職了.
唉! 一不知為何 總覺得有些
不值. 快近年終. 又加い 這樣
出去. 好不容易改了. Mr 劉 卻
因誤会而錯怪 E.T 是劣根性
的人. 捨不得的 feeling.
　　　　Mer

◎ 又加い 大伙半數的人不滿阿兵の事.
之前対 Mr 張 用電話 及擾人。
之後又加 。。和小游. 水母. 舒惠
会送東西給 Mr 張. 或問人。老母生病

⑨ 未免太假了吧！於是到火大不爽
真想拆她的台，在年終前讓她走
被大伙勸下，以低調處理事情，
真是看清她這個人了。※罵罵新信，告訴她做人假"為了
只能用賤"字形容。

◎ 另外又有心淇&美如の事....唉!....
事情都有些牽連，言語傳來傳去
沒有都變成有了。
總之人....總是得認清，三民都如此了，
更何況以後入真正的社會

⑥ 讓到想以真正好朋友的大半，
我們這一羣，何時才能完全相聚呢？

今年的年終过年前發生了蛮多事喔！KA你那呢？

12月29日 星期6

◎ 今天另另宇軒到阿光的店見面
竟然給老娘.遲到. ㄍㄢ复2人
逛逛 去另另宇軒的朋友有約

唉! 今年的 christmas eve.
過得很女人. 四ㄅ女人. ㄩㄩ. ㄩㄥ
ㄩ等. me 4人到國父紀念館.烤
肉.談天.唱KTU至天亮

very 女ㄥ吧! 這樣也好.難得
這樣.

97. 3月3日 星期一

◎　3月份了.过得很快.也覺得
自己真是大白痴.……唉這天
說…一片空白.腦子一片空白.
最近說話都有點結巴…ㄇㄥˇ.

◎　ㄅ.開了三民成了米蟲…唉…

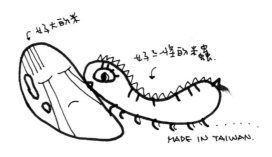

好大的米

好之怪的米蟲.

MADE IN TAIWAN.

97. 4月12日　雨陰天

① 很快的又过了一个月. 只希望
　考試順利便可. 也不想求
　什麼了. 心情上上下下. 起起
　浮浮不知要做什麼……

　唉!……真的有点累了. 累 tried.

累ㄌ了.

MADE BY CIAN 97.4.12.

99年. 7月13日 星期2.

Hi～
天氣真好.
可惜沒有出太陽.

Q. 看完了前面九篇以前自己所寫給
  你的心情小記. 真覺得時間
  真可以沒麼想活. 是因平未
  来的命運正牽引著我. 不論
  是誰. 在將来　(有幾人).
  的此刻回过頭看. 都可以明
  顯感受到那種成長的喜稅.

Q. 寫這篇文章時是在 America.
  有点不可思議. 竟會在現此園夢.
  雖然只是 visit. 參觀. 但真的
  值回票價了.　↑
  　　　　　　是這樣拼的嗎？

① 這一天喝太多 coffee 睡不著. ✓

@. 真得感謝你為之芽和你那
　 處處為我吩咐的老哥給我
　 愉快的 2 了礼拜多的渡假
　 生活、
　　　　　　　在 sedar poont.
@. 雖然中途有臭小不愉快. 但.
　 相信那根本不值得我們去 care
　 we 的 friendship 還是依然
　 堅固 ~.

@. 真希望. 我們所有想實現的夢想.
　 都能成真

　 your love friend
　　　　　　　　紹蓮 99. 7. 13.　　凌晨.
　　　　　　　　　　　　　　　　　1:35.
　　　　于 America. 休豪中.

⑨ ·好想上網收信～·但又怕micle罵！
不睡覺のv·哈！～·

2002、12/31、星期一（来美国过的一个白色聖诞）

⊚ 這10天發生了好多事、兄妹、cherry、nicole 在
一起這10天好開心、不狂費我来美国的目地、
原本很擔心最後一天回去要面对感情傷心
的事、刹那間一个夢醒、全想開了、加上看到了年
前所给你的日記、才知道自己的感情不長進
哈～老是想不開、但我仍相信一句話
"時間会沖淡一切的"也或許那一天我又回来
美国再次打開這一本日記翻閱、又有另一种
不同的想法、也许我又有去会她!～嘻!

⊚ 不过唯一慶幸的事、不管我身边男友在如何優、
唯一不变的是有你们這一羣好友、哈～每次
来 America 都有欢笑渡忉、我真的很開心!

⊚. 希望我真能夠实現来美国留学夢、～-KA、等著我喔!～

獅子頭
染黄毛

© 1993 Benedikt Taschen Verlag GmbH
Hohenzollernring 53, D-50672 Köln
Carl Larsson: Apple Harvest (detail), 1904–1906
Apfelernte (Detail) / La Récolte des pommes (détail)
Watercolour / Aquarell / Aquarelle
33 x 49 cm
Stockholm, Bonnierska Porträttsamlingen, Nedre Manilla
Printed in Italy
ISBN 3-8228-9478-8